# ILAN BRENMAN

# ABRACADABRA DE ONDE VÊM AS PALAVRAS?

2ª edição, revista pelo autor

ILUSTRAÇÕES DE
MARIANA NEWLANDS

Falamos sem parar. Todos os dias, saem da nossa boca milhares de palavras. Vocês já pararam para pensar de onde elas vêm? Na minha casa, minhas filhas vivem perguntando: "Por que água se chama água? Quem inventou que árvore significa árvore?".

As palavras são como os seres vivos: umas nascem e pouco tempo depois morrem; outras se desenvolvem, se transformam e morrem só quando estão bem velhinhas. Há ainda as que nascem, crescem, viram rebeldes, brigam com todo mundo e envelhecem; mas como hoje existem muitos métodos de rejuvenescimento, algumas fazem plástica, ficam saradas e voltam com tudo para a boca do povo. De qualquer forma, não se esqueçam: a nossa língua — a língua portuguesa — é viva, e as gírias são prova disso.

Cada palavra tem sua origem e sua história, que vocês podem conhecer consultando dicionários. Mas aqui a brincadeira é outra: vocês vão ler as histórias que eu inventei para explicar o surgimento de algumas palavras. No final do livro, há um glossário com as origens verdadeiras de cada uma delas — os curiosos podem dar uma espiada e conferir.

Vocês vão notar que minha inspiração é o som: divido a palavra em dois, três, quatro pedaços, repito as sílabas em voz alta, e a mágica acontece! Novas palavras pipocam diante de mim e aí é só soltar a imaginação.

Divirtam-se com o jogo e, se sentirem vontade, criem vocês mesmos, sozinhos ou acompanhados, "origens" diferentes para as palavras.

*Ilan Brenman*

# ABRACADABRA

Devem ser poucas as crianças brasileiras que ainda não conhecem essa palavra. Ela possui poderes inimagináveis. Vejam minha invenção sobre sua origem.

Há muitos séculos, na cidade espanhola de Salamanca, vivia um garoto chamado Sorel. Seu único interesse sempre tinha sido descobrir a poção mágica que transformaria qualquer metal em ouro puro. Mas só depois de anos de intenso trabalho, Sorel, que passara a ser conhecido como "o Alquimista", conseguiu chegar à grande fórmula.

Sorel morava no campo. Seu laboratório, nos fundos da casa, dava para um cercado. Assim, enquanto trabalhava, ele via os animais correrem pela propriedade.

No dia em que finalmente acertou na mistura das substâncias, Sorel saiu correndo para chamar os melhores amigos, pois queria compartilhar sua felicidade. Na afobação, deixou o vidro com a poção aberto em cima de uma mesinha.

Quando ele e os amigos voltaram, levaram um grande susto ao ver que uma cabra, depois de fugir por um buraco no cercado e entrar no laboratório, estava prestes a engolir a poção, que tinha uma consistência gelatinosa.

Com a cara mais branca do que farinha, Sorel caminhou lentamente em direção à cabra... mas não deu tempo: ela sugou a poção todinha! O Alquimista e os amigos ficaram ali, paralisados, olhando para a boca do bicho, que também não se mexia. A poção devia ser amarga demais para que a cabra conseguisse engoli-la. Sorel, então, aproximou-se e começou a dizer:

— Abra a boca, cabra. Abra a boca, cabra.

Os outros resolveram ajudar:

— Abra, cabra, abra, cabra, abra, cabra...

Foram centenas de "abra, cabra" e nada de o animal abrir a boca. Até que chegou a criada de Sorel.

— Patrão, o que Carmencita fez? — perguntou ela.

— A sua Carmencita tem na boquita a poção mais valiosa do mundo! — respondeu o Alquimista, espumando de raiva.

— Calma, acho que posso ajudar — disse a criada, que começou a falar com Carmencita. — Dá, dá, corazón, dá a poção, dá... amorcito, dá...

E não é que funcionou! Carmencita abriu a boca, e Sorel conseguiu tirar de lá uma boa parte da poção. Seus amigos, com sorrisos estampados nos rostos, disseram:

— Repetimos apenas "abra, cabra", mas estava faltando o toque mágico, o "dá, corazón, dá, amorcito, dá, dá...".

Também sorrindo, Sorel juntou as "palavras mágicas" que tinham salvado a poção, salpicou de pó de cobre a mistura recuperada e gritou:

— Abracadabra! Abracadabra! Abracadabra!

A palavra ganhou popularidade em Salamanca. E depois no mundo todo. E, sempre que alguma coisa extraordinária acontecia, alguma coisa sobrenatural, por exemplo, as pessoas logo diziam:

— ABRACADABRA!

# ALFACE

Toda criança tem uma certa relação de ódio com a famosa e saudável salada. Alguns comem verduras com prazer, já outros fazem cara de "ecati!" quando veem um prato repleto de folhas verdes. Eu sou daqueles que adoram uma folha de alface bem temperada. Deem uma olhada na história maluca que inventei para a origem dessa palavra.

Ali era apaixonado por sua mulher, Suha, e queria muito um filho, que, no entanto, nunca vinha. Quando falava no assunto, ele dizia: *maktub*, ou seja, "está escrito", pois acreditava que o destino estava nas mãos de Alá.

Com o nascimento de seu primeiro sobrinho, Mansour Marouk, o agricultor deixou de pensar no assunto. Amava o menino como se fosse seu próprio filho, e os dois ficavam praticamente o tempo todo juntos.

Desde pequeno, Mansour adorava observar o tio trabalhando na terra.

Quando começou a falar, a primeira palavra que saiu de sua boca foi "Al", para chamar o tio.

Certa manhã, Ali se dirigiu ao mercado central, pois tinha sido avisado de que alguns negociantes estavam vendendo novidades. Comprou sementes de uma hortaliça desconhecida na região, voltou para casa, pegou suas ferramentas e foi correndo plantar as sementes.

Depois de três meses, Ali e seu sobrinho, agora com quase dois anos, foram ver as folhas que tinham crescido. Elas eram verdes, enrugadas e muito leves. O tio arrancou algumas, observou-as e finalmente experimentou.

— Al... Al, comer! — gritou Mansour.

Quando Ali viu o sobrinho com a boca aberta, resolveu dar um pedaço para ele. O menino comeu e fez cara de quem não gostou.

Ali logo percebeu que aquela verdura faria muito sucesso entre os adultos. Agora, precisava dar um nome para ela. Pensou, pensou, perguntou a Suha, a amigos próximos, mas ninguém fez nenhuma sugestão que lhe agradasse.

Passados alguns dias, depois de brincar de correr entre as plantações, Ali e Mansour se deitaram debaixo de uma grande tamareira. O tio fechou os olhos e acabou cochilando.

Mansur viu uma abelha rodeando as bochechas de Ali. Não queria acordar o tio, mas ficou preocupado com aquela abelhinha zunindo tão perto do seu rosto.

Olhou para o lado e teve uma ideia. Foi até a plantação da nova hortaliça, arrancou uma folha bem grandona, aproximou-se do tio e, com muita delicadeza, cobriu o rosto dele.

Ficou tão feliz com o que fez, que foi correndo chamar a tia.

— Su, Al face! Su, Al face! — gritava Mansour.

Suha não entendeu. Ela sabia que "Su" era como Mansour a chamava, "Al" era como ele chamava o tio, mas "face"? O que o sobrinho estava querendo dizer? O menino pegou na mão dela e a arrastou até Ali.

Chegando lá, continuou a gritar:

— Su, Al face! Su, Al face!

Ao ver Ali com a folha sobre o rosto, Suha começou a gargalhar. Agora, sim, tinha entendido que, quando dizia "face", o sobrinho usava a palavra que tinha aprendido com o tio. O que Mansour estava dizendo era mais ou menos isto: "fui eu que cobri o rosto do tio Ali com essa folha!".

Acordando com a gostosa gargalhada da mulher, Ali não entendeu nada. Suha, ainda rindo sem parar, contou-lhe o que havia acontecido.

Foi nesse momento que Ali decidiu batizar a nova verdura de ALFACE!

# ÁRVORE

Não sei se vocês já tiveram oportunidade de subir numa árvore. É uma experiência muito bacana. Peçam a seus pais, tios e avôs para contarem as traquinagens que fizeram em cima de uma árvore. Vocês vão se surpreender. Agora, vejam o que fez a minha imaginação para explicar a origem dessa palavra.

Há alguns séculos, quando a cidade de São Paulo se chamava Vila de Piratininga, uma densa floresta cobria muitas das regiões que hoje estão repletas de ruas, avenidas, fábricas e edifícios.

Num pequeno povoado, um menino chamado Renato vivia correndo por todos os cantos, mas seus pais nunca se preocupavam, porque ele estava sempre na companhia da avó Clotilde.

Os dois se aventuravam no meio do mato, entravam em rios e cachoeiras, descobriam bichos estranhos.

Dona Clotilde parecia mais criança que seu neto. A agilidade da velhinha impressionava a todos. Ela adorava brincar de pega-pega com Renato, que nunca conseguia alcançá-la.

Certa manhã de verão, chegou ao vilarejo o senhor Franz Von Poz, um botânico holandês, que tinha vindo ao Brasil para descobrir espécies nativas.

Dona Clotilde e Renato ajudaram muito o senhor Franz quando o levaram para o meio do mato, onde ele passava horas observando e desenhando a natureza. Toda descoberta recebia um nome que o próprio botânico inventava.

Numa tarde quente, o senhor Franz, sentando numa pedra, viu Renato correndo atrás da dona Clotilde. Era o pega-pega. A velhinha parecia ter asas no pé, pois seu neto ofegava e não conseguia nem se aproximar dela. O cientista acompanhava a cena sorrindo. Até que, de repente, dona Clotilde trepou num tronco, subiu, subiu, e sentou num galho. Lá embaixo, Renato, com o coração disparado, disse:

— Ar! Vó! Ar! Vó! Ar! Vó!

De tanto correr, o menino estava sem fôlego. Dona Clotilde, que lá de cima não conseguia ver o neto, chamava:

— Re?

"Re" era o apelido do Renato, que, não tendo recuperado o fôlego, continuava a dizer:

— Ar! Vó! Ar! Vó! Ar! Vó!

E lá de cima, a avó continuava a chamar o neto:

— Re?

Franz Von Poz gostou do som daquelas palavras e resolveu juntá-las numa só: ar + vó + re. Criou, assim, o nome para designar o lugar em que se encontrava dona Clotilde: árvore.

Graças a Renato, dona Clotilde e Franz Von Poz, o nome ÁRVORE foi inventado. E espero que não deixemos nunca de pronunciá-lo, nem de proteger todas as espécies que restam no mundo.

# CALMA

Todo mundo que já ficou muito nervoso pelo menos uma vez na vida ouviu alguém dizer: "Calma, vai passar...", "Calma, respira fundo...". Vocês querem saber de onde vem essa palavra tão pacífica? Olhem só o que inventei.

Na antiga Grécia, existia uma divindade chamada Khau. Era uma deusa sapeca, que adorava fazer bagunça no Olimpo, a morada dos deuses. Sua fama era tamanha, que, segundo diziam, de vez em quando ela descia à terra para bagunçar também a vida dos homens.

As crianças gregas faziam uma porção de travessuras, assim como fazem as crianças de hoje. Na época de Platão, conta-se que algumas escondiam os textos do famoso filósofo, que, depois de refletir muito sobre o mistério do desaparecimento de certos objetos físicos, encontrava-os debaixo do seu travesseiro.

Sem dúvida nenhuma, porém, uma das maiores diversões dessas crianças era bagunçar o ginásio dos atletas. Os gregos levavam muito a sério os esportes não à toa foram eles que inventaram as Olimpíadas.

Os ginásios sempre estavam cheios de gente. Havia os lançadores de disco, de dardo, os corredores, os levantadores de peso, os lutadores...

As crianças adoravam entrar escondidas no ginásio, bem cedo. Algumas pegavam os dardos (um tipo de lança) e cortavam um pequeno pedaço deles. Outras trocavam os pares de sandálias dos corredores. Ainda havia aquelas que escondiam as roupas dos lutadores, além das que grudavam todos os pesos ao chão.

Vocês não fazem ideia do caos que causava aquela molecagem toda. Os atletas chegavam e começavam seus treinos. Os dardos não percorriam mais do que um metro de distância; os lutadores queriam brigar com todo mundo porque não encontravam suas roupas; os corredores acreditavam que os pés deles tinham crescido, ou diminuído, de um dia para outro; e os levantadores de peso ficavam deprimidos achando que não tinham mais força, já que não conseguiam desgrudar os pesos do chão.

Claro que, depois de um tempo, todos perceberam o que estava realmente acontecendo. Ainda por cima, a criançada ficava na arquibancada rachando o bico de tanto rir.

No final do treino, atletas furiosos iam até a casa das crianças para falar com os pais da molecada. O resultado era sempre uma bela bronca e um castigo.

E o que tudo isso tem a ver com CALMA?

Acontece que uma dessas crianças gregas descobriu um jeito muito esperto para aplacar a fúria dos pais. Vocês se lembram da deusa Khau? Então, na Grécia começou uma mania de que todas as vezes que acontecia algo estranho e caótico todos diziam: "Foi culpa de Khau!".

Um dia, depois de aprontarem muito, todas as crianças voltaram para casa. Fenemelau (o nome do menino era esse mesmo) já esperava uma bela bronca da mãe. O pai do menino estava na guerra contra os espartanos.

Voltando para Fenemelau, ele entrou na sua casa e...

— Fenemelau Popodovos Acropokos!

Quando a mãe dizia o nome completo dele, nada de bom podia acontecer.

— Alguns atletas vieram aqui reclamar de suas travessuras.

Fenemelau deu milhares de explicações. A mãe ficava a cada nova explicação mais nervosa.

— Ma (assim que o filho chamava carinhosamente a mãe), não briga comigo.

Nada adiantava. Muito pelo contrário, a mãe, espumando de raiva, começou a levantar a mão para bater no filho. Ele, desesperado, começou a dizer:

— Ma, não fiz nada. Foi Khau, foi Khau. Ela que aprontou.

— O quê? Quem foi quem aprontou?

— Khau, Ma. Khau, Ma.

O menino repetiu tantas vezes aquilo que a mãe começou achar muito inteligente e criativa a invenção do filho. E não é que funcionou? A mãe foi relaxando, abaixando a mão e iniciou uma conversa muito séria com o filho.

— Sim, Ma. Eu prometo não aprontar mais.

É claro que ele aprontou diversas vezes ainda. Mas a notícia do "Khau, Ma" se espelhou por toda a Grécia. E toda vez que uma criança se encontrava em apuros, dizia: "Foi Khau, Ma. Khau, Ma".

Depois de alguns anos, a expressão KHAU, MA começou a ser utilizada para representar uma pessoa nervosa que conseguiu relaxar.

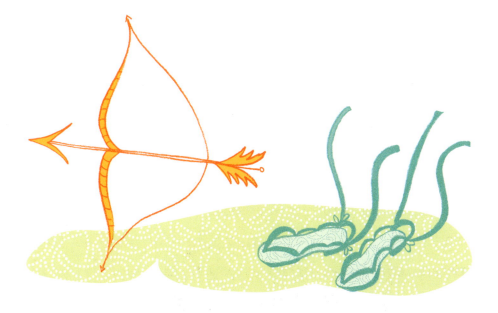

# CUECA

Os meninos usam cueca. Aliás, essa palavra é uma daquelas que a criançada, principalmente as menores, morre de rir quando alguém a pronuncia. Mas engraçado mesmo é a história inventada de sua origem.

Há mais de seis mil anos, na caatinga do Piauí, vivia uma pequena comunidade de homens pré-históricos, que chegaram muito antes ao Brasil do que nosso famoso Pedro Álvares Cabral. Esse povo antigo vivia dentro de cavernas, lá se protegia dos animais ferozes, do clima hostil e da noite assustadora.

As crianças ajudavam nos afazeres diários, construíam ferramentas de caça, vasos de cerâmica, pegavam gravetos para acender o fogo e ficavam horas desenhando nas paredes das cavernas.

O que elas desenhavam? Tudo o que acontecia ao seu redor, os animais que existiam por lá, suas cerimônias religiosas, o corpo humano.

Nessa comunidade existia um menino chamado Cã. Ele adorava sua vida. O lugar em que morava era repleto de beleza, principalmente na época das chuvas. Havia flores de tudo quanto é cor, árvores gigantescas e uma vegetação cerrada.

Além desse lindo visual, o que mais o fascinava — e apavorava ao mesmo tempo — era a quantidade de animais à sua volta. Havia mastodontes, que eram parecidos com nossos elefantes atuais, preguiças gigantes, que, quando ficavam de pé, alcançavam oito metros de altura (o equivalente a um prédio de três andares). O peso desse "pequenino" preguiçoso chegava a quase seis toneladas, mais pesado que um avião monomotor — e olha que a preguiça gigante era vegetariana. Além das preguiças, ainda havia tatus gigantes, tigres--dentes-de-sabre, aves, sapos, lagartos, peixes, entre muitos outros animais.

Cã, assim como todos os seus amigos, vestia apenas um pedaço de couro em volta do seu corpo. Parecia um vestido que era amarrado na cintura com uma corda feita de uma planta nativa. Aquela roupa não agradava muito a Cã, que a achava desconfortável, além de sempre acontecer algo que odiava ao entrar nos rios e lagos para pescar.

Parecia uma maldição. Sempre que Cã entrava na água até a cintura, lá vinham os peixes beliscarem seu "fazedor de xixi". Ele não aguentava mais tantos beliscos.

Então, Cã teve uma ideia. Entrou na caverna de sua comunidade, pegou um pedaço de couro de cavalo, começou a afiar sua faca de pedra lascada e pôs as mãos à obra. Depois de algumas horas, estava pronto o protetor de "fazedor de xixi".

No dia seguinte, Cã respirou fundo, olhou para os lados e vestiu sua nova criação, depois colocou o "vestido" de todo dia. Ele saiu da caverna e andou sozinho por muitas horas, até que se aproximou de um lago belíssimo, tomou coragem, tirou o "vestido" e entrou na água para tentar pescar.

Assim que a água estava na cintura de Cã, os peixes começaram a se aproximar, e o menino, pela primeira vez em muito tempo, não sentiu nenhuma mordida no seu "fazedor de xixi".

Cã saiu da água feliz com sua invenção, sentou na margem do lago para se secar e percebeu que um bando de pássaros se aproximava. As aves pousaram bem perto; eram espécies que ele nunca tinha visto antes.

Lentamente, Cã se aproximou das aves e, assim que elas o viram, começaram a soltar um som parecido com isso:

— Cué! Cué! Cué!

Quando as aves pararam um pouco de gritar, Cã percebeu que havia alguém atrás dele. Ao se virar, viu que eram seus amigos das cavernas vizinhas. Os meninos não sabiam se olhavam para aquelas aves estranhas, ou para a invenção maluca que Cã estava vestindo.

Distraído com a chegada dos amigos, ele não percebeu que uma das aves estava bem próxima de seu corpo. O animal estava preparado para dar uma mordida na bunda de Cã, quando um menino de três anos de idade, que acompanhava o grupo, começou a apontar para a ave e a gritar:

— Cué, Cã! Cué, Cã! Cué, Cã! Cué, Cã! Cué, Cã!

Cã conseguiu escapar da mordida da ave, e as crianças então resolveram batizar de CUECA aquela vestimenta que o menino das cavernas de Piauí tinha inventado.

# GIRAFA

No zoológico, a girafa é um dos animais mais procurados pelos visitantes. A origem que inventei para esse nome é tão absurdamente grande como o pescoço desse animal.

Quando os portugueses chegaram à África, trouxeram consigo materiais de construção. Fizeram fortes, casas, igrejas etc. Depois de alguns anos, havia comunidades inteiras em algumas localidades.

Num desses locais, os portugueses sempre se espantavam com alguns animais que ainda não conheciam. Rapidamente era inventado um nome para cada animal novo.

Num certo sábado, o povo dessa localidade estava comemorando uma festa de aniversário. Muita bebida, muita comida e muito fado. Para quem não sabe, o fado é um estilo musical típico de Portugal.

Lá pelas tantas, a música estava tão alta que começou a atrair alguns animais. Quando, de repente, todos olharam e viram um animal de pescoço comprido se aproximando. Ele parou a uma certa distância e ficou paralisado.

As crianças ficaram curiosas com aquele belo espécime e começaram a tentar dar um nome para ele. Os adultos, vendo que não havia perigo, continuaram a cantar e dançar.

Para surpresa geral, quando a dança recomeçou, o animal passou a girar, a girar, a girar... Ninguém podia acreditar naquilo. Era um animal que dançava fado.

Uma criança, então, começou a gritar:

— Gira, gira, fado. Gira, fado. Gira, fado...

Outra, então, disse:

— É isso! O nome do animal vai ser Girafado.

Todos riram. E a partir daquele dia, sempre quando viam aquele bicho, diziam:

— É um Girafado.

Com o passar do tempo, a última sílaba do Girafado foi envelhecendo e um dia morreu, ficando somente a palavra GIRAFA. Se um dia alguém tiver coragem, pode levar um aparelho de som até o zoológico, chegar perto do cercado das girafas e tocar um fado de Amália Rodrigues. Caso a girafa comece a dançar, mandem um e-mail para a editora contando o fato.

# OVO

Quem veio primeiro, o ovo ou a galinha? Todos já comeram coisas feitas de ovo na vida: bolos, biscoitos, pastéis etc. Mas vocês nem podem imaginar de onde vem essa palavra.

Há muitos séculos em Teotihuacán, no México, uma família que morava bem pertinho da pirâmide do Sol tirava seu sustento da agricultura. Quando havia uma boa colheita, os membros dessa família vendiam seus produtos no mercado central e, com o dinheiro que recebiam, compravam tudo de que precisavam.

O integrante mais velho da família chamava-se Monzuma. Ele tinha 80 anos, e todos demonstravam o maior respeito por ele, principalmente os netos, que o adoravam porque ele era um grande contador de histórias. Ele contava histórias sobre antigos reis, deuses, feiticeiras e muitas outras aventuras que fascinavam seus ouvintes.

Depois de muito trabalhar na vida, Monzuma agora só queria saber de curtir os netos e comer. E como comia esse teotihuacaniano! Ele adorava experimentar as novidades trazidas pelos mercadores.

Sabendo da paixão que Monzuma tinha pela comida, seus netos foram atrás de alguma novidade no mercado central. Chegando lá, avistaram uma pequena multidão em volta de uma barraca. O comerciante estava mostrando um novo alimento trazido de algum lugar lonqínquo.

Os netos de Monzuma observaram na mão do homem o tal alimento. Parecia uma pequena bola branca, com casca dura. Uma das pessoas começou a falar:

— Isso é ghog de cobra!

O comerciante jurou de pé junto que não era ghog de cobra. Quebrou a bolinha branca, pôs seu conteúdo numa panela de barro, que estava em cima de carvão em brasa. Misturou alguns condimentos, mexeu bastante e deu para todos experimentarem.

O gosto era tão maravilhoso que todos compraram várias bolinhas, inclusive os netos de Monzuma.

Chegando em casa, os netos chamaram o avô e preparam a novidade. Ele ficou simplesmente enfeitiçado pelo sabor da nova iguaria. A partir daquele dia, o velho só queria saber de comer o conteúdo das bolinhas brancas.

Certa noite, depois de mais de um mês comendo somente os conteúdos da nova iguaria, Monzuma, na mesa de jantar, começou a sentir algo borbulhando na sua barriga.

Os movimentos estavam cada vez mais intensos e rápidos. Não tendo tempo de levantar, Monzuma soltou uns puns tão fedorentos que a família inteira parou de comer. Todos começaram a se olhar. Quem será o culpado? Aquele que tem a mão amarela? Monzuma não conseguiu disfarçar, e todos olhando para ele disseram:

— Oh, vô! Oh, vô! Oh, vô!

E o avô respondeu:

— "Oh, vô" que nada! A culpa é desta comida aqui!

Todos morreram de rir e a partir daí resolveram dar o nome daquelas bolinhas brancas, causadoras do pum mais fedido da história do antigo México, de OVO.

# ALGUMAS VERDADES SOBRE AS PALAVRAS, PERSONAGENS E LOCALIDADES

## PALAVRAS

### ABRACADABRA

Contam que, no passado, existiu um deus chamado Abraxás. Seus seguidores procuravam juntar todas as religiões numa só. Abraxás, com o passar do tempo, ganhou uma palavra vizinha: dabar, que significa "palavra" em hebraico. Abraxasdabar seria algo como "palavra de Deus".

### ALFACE

Palavra de origem árabe: *al-hasa*.

### ÁRVORE

Palavra de origem latina: *arbor-oris*.

### CALMA

Vem do grego *Kauma* (calor do Sol). Representava o horário mais quente do dia, no qual as pessoas tinham que parar de trabalhar e descansar. Até hoje, em alguns países existe a famosa *siesta*, momento de as pessoas pararem o que estão fazendo para descansarem, cochilarem e ficarem bem calminhas.

### CUECA

Vem do latim. Se um dia você for a Portugal e precisar comprar uma cueca, tome cuidado! No país do fado cueca significa calcinha.

### GIRAFA

Palavra de origem árabe: *zurãfa*.

### OVO

Vem do latim *ovu*.

## LOCALIDADES

### HISTÓRIA DO OVO

A cidade de Teotihuacán existe de verdade. O significado desse nome é "o local onde os homens se tornam deuses". A pirâmide do Sol também é uma construção que ainda hoje podemos visitar lá no México.

### HISTÓRIA DA CUECA

No Piauí existe o Parque Nacional Serra da Capivara. Por lá os homens pré-históricos deixaram suas marcas nas paredes das cavernas (pinturas rupestres), nas ferramentas de trabalho e caça, nos utensílios domésticos, entre outros. Os animais descritos na história de Cã — mastodontes, preguiças e tatus gigantes, tigres-dentes-de-sabre, existiram mesmo na paisagem pré-histórica brasileira.

# PERSONAGENS

### FRANZ VON POZ

Inventei o nome desse personagem inspirado num pintor holandês chamado Franz Post. Tal pintor esteve no Brasil de 1637 a 1644, retratando a vida e a paisagem do nosso país, principalmente do Nordeste. Não há registros de chegada de nenhum holandês na antiga Vila de Piratininga, sendo a chegada de Franz Von Poz em tal localidade fruto da invenção do autor.

### PLATÃO

Foi um filósofo grego que nasceu por volta de 428-427 a.C., na cidade de Atenas. A história das crianças que escondiam os papéis de Platão é pura invenção.

### AMÁLIA RODRIGUES

Cito o nome dessa famosa cantora de fado portuguesa no final da história da Girafa. Ela nasceu em Lisboa em 1920, vindo a falecer na mesma cidade em que nasceu em 1999. Os temas mais cantados no fado são a nostalgia, a saudade, o ciúme ou as pequenas histórias do cotidiano dos bairros típicos portugueses. No fado tradicional uma só pessoa (fadista) é que canta, acompanhada quase sempre por viola e guitarra portuguesa. A palavra fado vem do latim *tatum*, ou seja, "destino".

**A DEUSA KHAU**
É fruto da minha imaginação.

**PREGUIÇA GIGANTE**
As medidas, a altura e o peso que passei da preguiça gigante são reais.

**REFERÊNCIAS BIBLIOGRÁFICAS**

(sobre as verdades das palavras)

BUITRAGO, Alberto; Torijano J. Agustín. *Diccionario del origen de las palabras*. Madrid: Editorial Espasa Calpe, 2007.

NASCENTES, Antenor. *Dicionário etimológico*. Rio de Janeiro: Francisco Alves, 1932.

NEVES, Orlando. *Dicionário da origem das palavras*. Lisboa: Editorial Notícias, 2001.

VIARO, Mário Eduardo. *Por trás das palavras, manual de etimologia do português*. São Paulo: Globo, 2003.

## AUTOR E OBRA

**ILAN BRENMAN** é filho de argentinos, neto de russos e poloneses. Nasceu em Israel em 1973 e veio para o Brasil em 1979. Naturalizado brasileiro, Ilan morou a vida inteira em São Paulo, onde continua criando suas histórias.

Ilan fez mestrado e doutorado na Faculdade de Educação da USP, ambos defendendo uma literatura infantil e juvenil livre da ideologia do "politicamente correto" e com muito respeito à inteligência e à sensibilidade da criança e do jovem leitor.

Recebeu diversos prêmios, entre eles o selo "Altamente Recomendável" pela Fundação Nacional do Livro Infantil e Juvenil, os 30 melhores livros do ano pela Revista *Crescer* e o prêmio White Ravens (Alemanha), o que significa fazer parte do melhor que foi publicado no mundo.

Tem livros publicados na França, Itália, Alemanha, Polônia, Espanha, Suécia, Dinamarca, Argentina, Coreia, China, em Portugal e no México.

Atualmente, percorre o Brasil e o mundo dando palestras e participando de mesas de debate em feiras de livros, escolas e universidades sobre temas contemporâneos nas áreas de cultura, família, literatura e educação.

Ilan tem um fascínio em descobrir às histórias por trás de cada palavra. Isso se chama etimologia. Foi por isso que ele fez essa coleção onde compartilha com os leitores a sua curiosidade pela origem de palavras e nomes.

Para conhecer mais o trabalho do Ilan:
**www.bibliotecailanbrenman.com.br**
 /autorIlanBrenman/
 @ilan.brenman

# A ILUSTRADORA

ARQUIVO DA ILUSTRADORA

**MARIANA NEWLANDS** nasceu no Rio de Janeiro, em 1974. Seu sobrenome, que vem da Escócia, é uma palavra que em inglês quer dizer "novas terras". Quando o fala em voz alta, ela gosta de imaginar uma paisagem a perder de vista, cheia de morros bem verdes, pedras rochosas, um lago calmo e, lá longe, um castelo de pedra abandonado, daqueles de filme, com bandeirinha e tudo.

Como cresceu cercada de desenhos e livros, Mariana foi estudar primeiro Comunicação Visual e depois Letras e Literatura. Desde 2004 trabalha para o mercado editorial como *designer* gráfica e ilustradora de livros para adultos e crianças de todas as idades. Atualmente trabalha com curadoria e pesquisa de fotografia em um museu.

Ilustrou, entre outros, *Poesia matemática*, de Millôr Fernandes (Desiderata), *Alice no país das maravilhas*, de Lewis Carroll (Objetiva), *Bisa Bia, Bisa Bel*, de Ana Maria Machado (Salamandra), *Fernando Pessoa, o menino da sua mãe*, de Amélia Pinto Pais (Companhia das Letras), *Pandonar, o cruel*, de João Ubaldo Ribeiro (Objetiva), *O menino que vendia palavras*, de Ignácio de Loyola Brandão (Objetiva) e *Dulce, a abelha*, de Bartolomeu Campos de Queirós (Alfaguara).

**LEITURA EM FAMÍLIA**
Dicas para ler
com as crianças!

www.modernaliteratura.com.br/leituraemfamilia

© ILAN BRENMAN, 2019
1ª edição, 2014

**COORDENAÇÃO EDITORIAL** Maristela Petrili de Almeida Leite
**EDIÇÃO DE TEXTO** Marília Mendes
**COORDENAÇÃO DE EDIÇÃO DE ARTE** Camila Fiorenza
**ILUSTRAÇÕES DE CAPA E MIOLO** Mariana Newlands
**PROJETO GRÁFICO** Mariana Newlands
**DIAGRAMAÇÃO** Cristina Uetake
**COORDENAÇÃO DE REVISÃO** Elaine Cristina del Nero
**REVISÃO** Palavra Certa
**COORDENAÇÃO DE BUREAU** Rubens M. Rodrigues
**PRÉ-IMPRESSÃO** Vitória Sousa
**COORDENAÇÃO DE PRODUÇÃO INDUSTRIAL** Wendell Jim C. Monteiro
**IMPRESSÃO E ACABAMENTO** Gráfica Elyon
**LOTE** 285001 / 285002

---

Dados Internacionais de Catalogação na Publicação (CIP)
(Câmara Brasileira do Livro, SP, Brasil)

Brenman, Ilan
 Abracadabra : de onde vêm as palavras? / Ilan Brenman ; ilustrações Mariana Newlands. – 2. ed. rev. – São Paulo : Moderna, 2019.

 Bibliografia.

 ISBN 978-85-16-11875-4

 1. Literatura infantojuvenil 2. Palavras – Literatura infantojuvenil I. Newlands, Mariana. II. Título.

19-244403                                              CDD-028.5

---

Índices para catálogo sistemático:

1. Palavras : Literatura infantojuvenil   028.5

Maria Paula C. Riyuzo – Bibliotecária – CRB-8/7639

Reprodução proibida. Art.184 do Código Penal e Lei 9.610 de 19 de fevereiro de 1998.

*Todos os direitos reservados*

**EDITORA MODERNA LTDA.**
Rua Padre Adelino, 758 - Belenzinho
São Paulo - SP - Brasil - CEP 03303-904
Vendas e Atendimento: Tel. (11) 2790-1300
www.modernaliteratura.com.br
2019
*Impresso no Brasil*